maktab - школа	2
sayohat - подорож	5
transport - транспорт	8
shahar - місто	10
manzara - ландшафт	14
restoran - ресторан	17
supermarket - супермаркет	20
ichimliklar - напої	22
taom - їжа	23
chorvachilik xo'jaligi - ферма	27
uy - дім	31
mehmonxona - вітальня	33
oshxona - кухня	35
vannaxona - ванна кімната	38
bolalar xonasi - дитяча кімната	42
kiyim - одяг	44
idora - офіс	49
iqtisod - економіка	51
kasblar - професії	53
asboblar - інструменти	56
musiqa asboblari - музичні інструменти	57
hayvonot bog'i - зоопарк	59
sport o'yinlari - спорт	62
mashg'ulot - дії	63
oila - сім'я	67
tana - тіло	68
shifoxona - лікарня	72
tez yordam - аварійний випадок	76
yer - Земля	77
soat - годинник	79
xafta - тиждень	80
yil - рік	81
shakllar - форми	83
ranglar - фарби	84
qarama-qarshi ma'noli so'zlar - протилежності	85
raqamlar - числа	88
tillar - мови	90
kim / nima / qanday - хто / що / як	91
qayerda - де	92

Impressum
Verlag: BABADADA GmbH, Nedderfeld 112 , 22529 Hamburg
Geschäftsführer / Verlagsleitung: Harald Hof
Druck: Books on Demand GmbH, In de Tarpen 42, 22848 Norderstedt

Imprint
Publisher: BABADADA GmbH, Nedderfeld 112 , 22529 Hamburg, Germany
Managing Director / Publishing direction: Harald Hof
Print: Books on Demand GmbH, In de Tarpen 42, 22848 Norderstedt, Germany

maktab
школа

bo'lmoq — ділити
doska — дошка
sinf — класна кімната
maktab hovlisi — шкільний двір
o'qituvchi — вчитель
qog'oz — папір
yozmoq — писати
ruchka — ручка
ish stoli — письмовий стіл
lineyka — лінійка
kitob — книга
o'quvchi — учень

osma sumka
ранець

qalamdon
пенал

qalam
олівець

qalam uchlagich
точило

o'chirgich
гумка

rasm albomi
альбом для малювання

chizmachilik
малюнок

boʻyoq choʻtka
пензель

boʻyoqdon
коробка фарб

qaychi
ножиці

yelim
клей

mashgʻulot daftari
зошит

uy ishi
домашнє завдання

raqam
число

qoʻshmoq
додавати

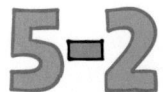
ayirmoq
віднімати

koʻpaytirmoq
множити

sanamoq
рахувати

xat
літера

alifbo
абетка

soʻz boyligi
слово

maktab - школа

matn
текст

o'qimoq
читати

bo'r
крейда

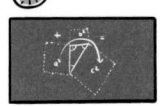
dars
година

jurnal
класний журнал

imtihon
екзамен

guvohnoma
диплом

maktab formasi
шкільна форма

ta'lim
освіта

qomus
лексикон

oliygoh
університет

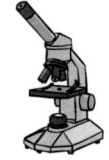
mikroskop
мікроскоп

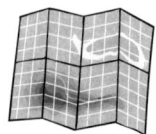
xarita
карта

urna
кошик для паперу

maktab - школа

sayohat
подорож

mehmonxona
готель

sayyohlar yotoqxonasi
турбаза

pul ayirboshlash shahobchasi
обмінний пункт

chemodan
валіза

mashina
автомобіль

til
мова

ha / yo'q
так / ні

Xo'p
добре

salom
привіт

tarjimon
перекладач

Raxmat
дякую

sayohat - подорож

necha pul...?

Скільки коштує ...?

Tushunmadim

Я не розумію

muammo

проблема

Xayrli kech!

Добрий вечір!

Xayrli tong!

Доброго ранку!

Xayrli tun!

На добраніч!

ko'rishguncha

До побачення

yo'nalish

напрямок

yo'lovchi yuki

багаж

safarxalta

сумка

yuk xalta

рюкзак

mehmon

гість

xona

кімната

uyquqop

спальний мішок

palatka

намет

ayohlarga ma'lumot berish stoli

туристична інформація

plyaj

пляж

omonat karta

кредитна картка

nonushta

сніданок

nonushta

обід

kechki ovqat

вечеря

chipta

квиток

lift

ліфт

marka

поштова марка

chegara

межа

bojxona

митниця

elchixona

посольство

viza

віза

pasport

паспорт

sayohat - подорож

transport
транспорт

samolyot
літак

kema
корабель

o't o'chiruvchi mashina
пожежна машина

avtobus
автобус

yuk avtomobili
вантажний автомобіль

motorli qayiq
моторний човен

velosiped
велосипед

mashina
автомобіль

solsimon yassi kema

пором

qayiq

човен

mototsikl

мотоцикл

posbon mashinasi

поліцейська машина

poyga mashinasi

гоночний автомобіль

kiraga olingan avtoulov

автомобіль на прокат

avtoijara

спільне користування авто

shatakka oluvchi yuk avtomobili

евакуатор

axlat mashinasi

сміттєвоз

motor

двигун

yoqilg'i

паливо

yoqilg'i quyish shahobchasi

автозаправна станція

yo'l belgisi

дорожній знак

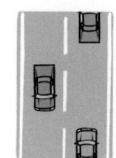

yo'l harakati

рух

tirband

затор

avtomobil to'xtab turish joyi

стоянка

poyezd bekati

вокзал

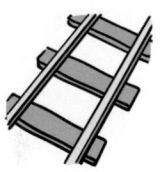

rels

рейки

poyezd

потяг

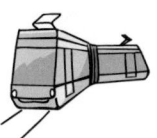

tramvay

трамвай

vagon

вагон

transport - транспорт

vertolyot

гелікоптер

aeroport

аеропорт

minora

вежа

yo'lovchi

пасажир

konteyner

контейнер

qog'oz quti

коробка

aravacha

візок

savat

кошик

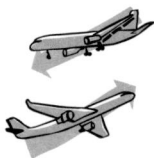

uchmoq / qo'nmoq

стартувати / приземлятися

shahar

місто

qishloq

село

shahar markazi

центр міста

uy

дім

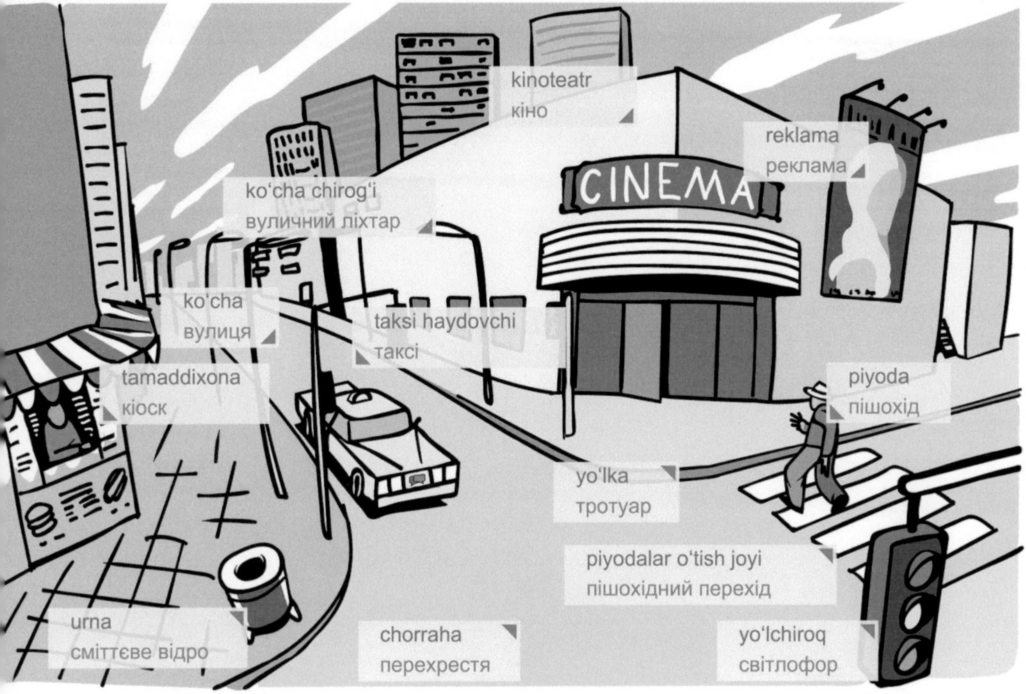

kinoteatr
кіно

reklama
реклама

ko'cha chirog'i
вуличний ліхтар

ko'cha
вулиця

taksi haydovchi
таксі

piyoda
пішохід

tamaddixona
кіоск

yo'lka
тротуар

piyodalar o'tish joyi
пішохідний перехід

urna
сміттєве відро

chorraha
перехрестя

yo'lchiroq
світлофор

kulba
хатина

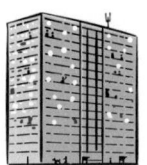

kvartira
квартира

poyezd bekati
вокзал

mahalliy hokimiyat binosi
ратуша

muzey
музей

maktab
школа

shahar - місто

oliygoh
університет

bank
банк

shifoxona
лікарня

mehmonxona
готель

dorixona
аптека

idora
офіс

kitob doʻkoni
книжковий магазин

doʻkon
магазин

gul doʻkoni
квітковий магазин

supermarket
супермаркет

bozor
ринок

univermag
універмаг

baliq doʻkoni
торговець рибою

savdo markazi
торговельний центр

bandargoh
гавань

istirohat bog'i
парк

bank
лава

ko'prik
міст

zinapoya
сходи

metro
метро

yer osti yo'li
тунель

avtobus bekati
автобусна зупинка

bar
бар

restoran
ресторан

pochta qutisi
поштова скринька

ko'cha yozuv osma taxtasi
вулична табличка

to'xtab turish vaqtini hisoblagach
лічильник паркування

hayvonot bog'i
зоопарк

basseyn
басейн

masjid
мечеть

shahar - місто

chorvachilik xoʻjaligi
ферма

atrof-muhit ifloslanishi
забруднення навколишнього середовища

qabriston
кладовище

ibodatxona
церква

bolalar oʻyingohi
дитячий майданчик

ehrom
храм

manzara
ландшафт

yaproq — листок
yoʻlkoʻrsatgich — вказівний стовп
yoʻl — шлях
oʻtloq — луг
tosh — камінь
daraxt — дерево
sayyoh — мандрівник
daryo — річка
maysa — трава
gul — квітка

vodiy

долина

qir

гора

ko'l

озеро

o'rmon

ліс

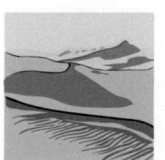

cho'l

пустеля

vulkan

вулкан

qal'a

замок

kamalak

веселка

qo'ziqorin

гриб

palma daraxti

пальма

pashsha

комар

chivin

муха

chumoli

мурашка

asalari

бджола

o'rgimchak

павук

manzara - ландшафт

qo'ng'iz

жук

qurbaqa

жаба

olmaxon

вивірка

tipratikon

їжак

quyon

заєць

ukki

сова

qush

птах

oqqush

лебідь

erkak cho'chqa

кабан

bug'u

олень

butoq shohli kiyik

лось

to'g'on

гребля

shamol generatori

вітряк

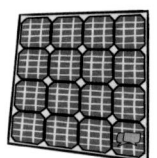

quyosh batareyasi

сонячний модуль

iqlim

клімат

manzara - ландшафт

restoran
ресторан

ofitsiant
офіціант

taomnoma
меню

stul
стілець

sho'rva
суп

pitstsa
піца

oshxona anjomlari
столові прилади

dasturxon
скатертина

gazak
закуска

asosiy taom
друга страва

desert
десерт

ichimliklar
напої

taom
їжа

butilka
пляшка

tez pishar taom

фаст-фуд

ko'cha taomi

вулична їжа

choynak

чайник

shakardon

цукорниця

portsiya

порція

espresso kofe mashinasi

еспресо-машина

bolalar kursichasi

високий стільчик

hisob

рахунок

lagan

піднос

pichoq

ніж

sanchqi

вилка

qoshiq

ложка

choy qoshiq

чайна ложка

qo'l sochiq

серветка

stakan

склянка

restoran - ресторан

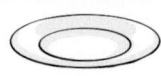

likop

тарілка

sho'rva kosa

тарілка для супу

taqsimcha

блюдце

qayla

соус

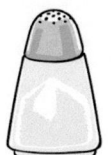

tuzdon

солонка

qalampir yanchgich

млин для перцю

sirka

оцет

yog'

масло

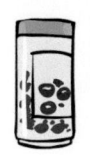

ziravorlar

спеції

ketchup

кетчуп

xantal

гірчиця

mayonez

майонез

restoran - ресторан

supermarket

супермаркет

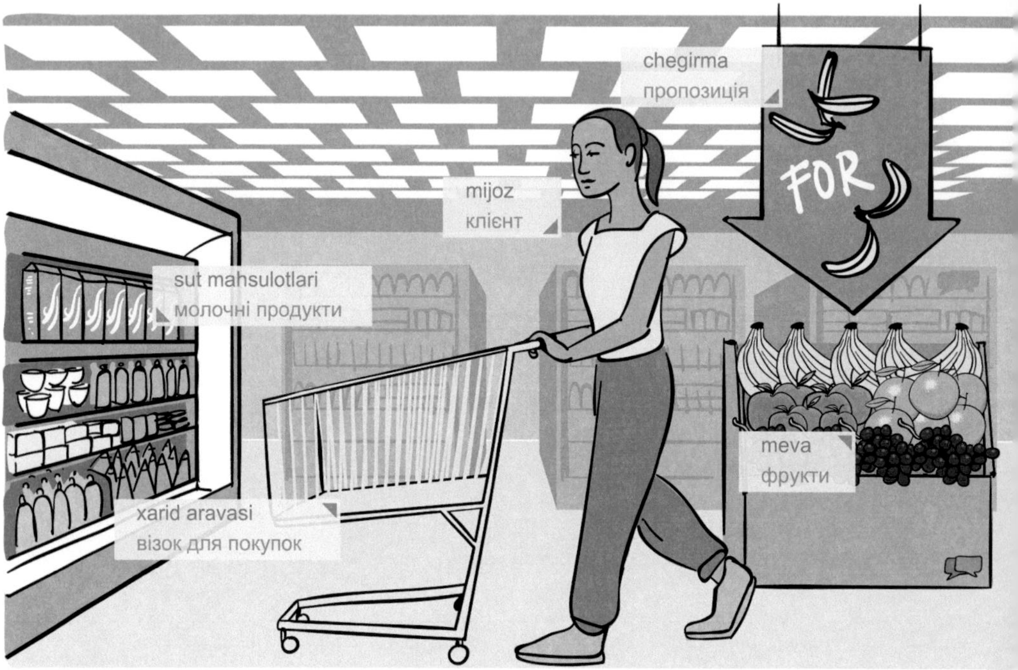

chegirma
пропозиція
FOR
mijoz
клієнт
sut mahsulotlari
молочні продукти
meva
фрукти
xarid aravasi
візок для покупок

BUTCHERS

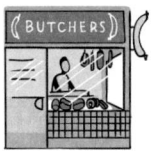

qassobxona

м'ясний магазин

BAKERY

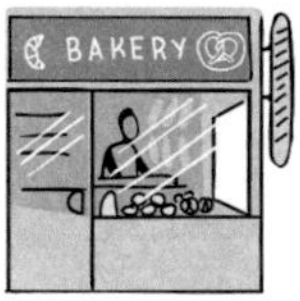

nonvoyxona

пекарня

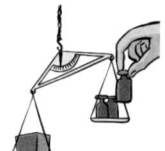

tarozida o‘lchamoq

зважувати

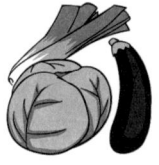

sabzavot

овочі

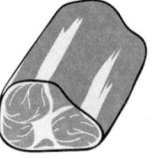

go‘sht

м'ясо

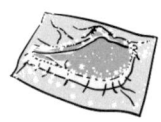

muzlatilgan taomlar

заморожені продукти

yaxna go'sht

ковбасна нарізка

konserva

консерви

kir yuvish vositasi

пральний порошок

shirinliklar

солодощі

kundalik iste'mol taomlari

предмети домашнього побуту

yuvish vositalari

мийний засіб

sotuvchi

продавщиця

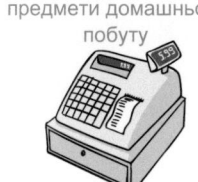

kassa

каса

kassachi

касир

xarid ro'yxati

список покупок

ish vaqti

часи роботи

hamyon

гаманець

omonat karta

кредитна картка

xalta

сумка

tsellofan xalta

поліетиленовий пакет

supermarket – супермаркет

ichimliklar
напої

suv

вода

sharbat

сік

sut

молоко

koka-kola

кола

vino

вино

pivo

пиво

spirtli ichimlik

алкоголь

kakao

какао

choy

чай

kofe

кава

espresso

еспресо

kapuchino

капучіно

taom
їжа

banan
банан

olmaxon
яблуко

apelsin
апельсин

qovun
кавун

limon
лимон

sabzi
морква

sarimsoq
часник

bambuk
бамбук

piyoz
цибуля

qo'ziqorin
гриб

yong'oq
горішки

lag'mon
локшина

taom - їжа

spagetti
спагеті

guruch
рис

salat
салат

kartoshka-fri
картопля фрі

qovurilgan kartoshka
смажена картопля

pitstsa
піца

gamburger
гамбургер

sendvich
бутерброд

toʻqmoqlangan toʻsh qiymasi
шніцель

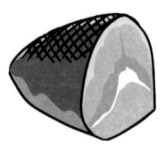
dudlangan choʻchqa goʻshti
шинка

salyami kolbasasi
салямі

sosiska
ковбаса

tovuq goʻshti
курка

qovurilgan
печеня

baliq
риба

24 taom - їжа

suli bo'tqasi
вівсяні пластівці

myusli
мюслі

makkajo'xori yormasi
кукурудзяні пластівці

un
борошно

frantsuz bulochkasi
круасан

bulochka
булочка

non
хліб

qizartirilgan non burdasi
тостовий хліб

pishiriq
печиво

sariyog'
масло

tvorog
сир

pirog
пиріг

tuxum
яйце

qovurilgan tuxum
яєчня

pishloq
сир

taom - їжа

muzqaymoq	shakar	asal
морозиво	цукор	мед

murabbo	shokolad pastasi	zarchava
мармелад	нуга-крем	карі

chorvachilik xoʻjaligi
ферма

dehqon uyi
сільський будинок

pichanxona
комора

poxol tuguni
солом'яні тюки

dala
поле

ot
кінь

tirkama
причіп

qulun
лоша

traktor
трактор

eshak
віслюк

qoʻzi
ягня

qoʻy
вівця

echki
коза

sigir
корова

buzoq
теля

choʻchqa
свиня

choʻchqa bolasi
порося

buqa
бик

g'oz
гусак

o'rdak
качка

jo'ja
курча

tovuq
курка

xo'roz
півень

kalamush
щур

mushuk
кіт

sichqon
миша

ho'kiz
віл

it
собака

katalak
собача будка

hovli bog' shlangi
садовий шланг

gulchelak
лійка

belo'roq
коса

temir omoch
плуг

chorvachilik xo'jaligi - ферма

qo'loʻroq
серп

chopqi
мотика

panshaxa
вила

bolta
сокира

gʻaltakarava
тачка

oxur
корито

sut bidoni
бідон молока

toʻrva
мішок

panjara
паркан

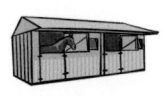
ogʻilxona
хлів

issiqxona
теплиця

tuproq
ґрунт

urugʻ
насіння

oʻgʻit
добриво

kombayn
комбайн

hosil olmoq

пожинати

yig'im-terim

урожай

yams

корінь ямсу

bug'doy

пшениця

soya

соя

kartoshka

картопля

makkajo'xori

кукурудза

raps urug'i

ріпак

mevali daraxt

плодове дерево

maniok

маніок

yorma

злаки

uy
дім

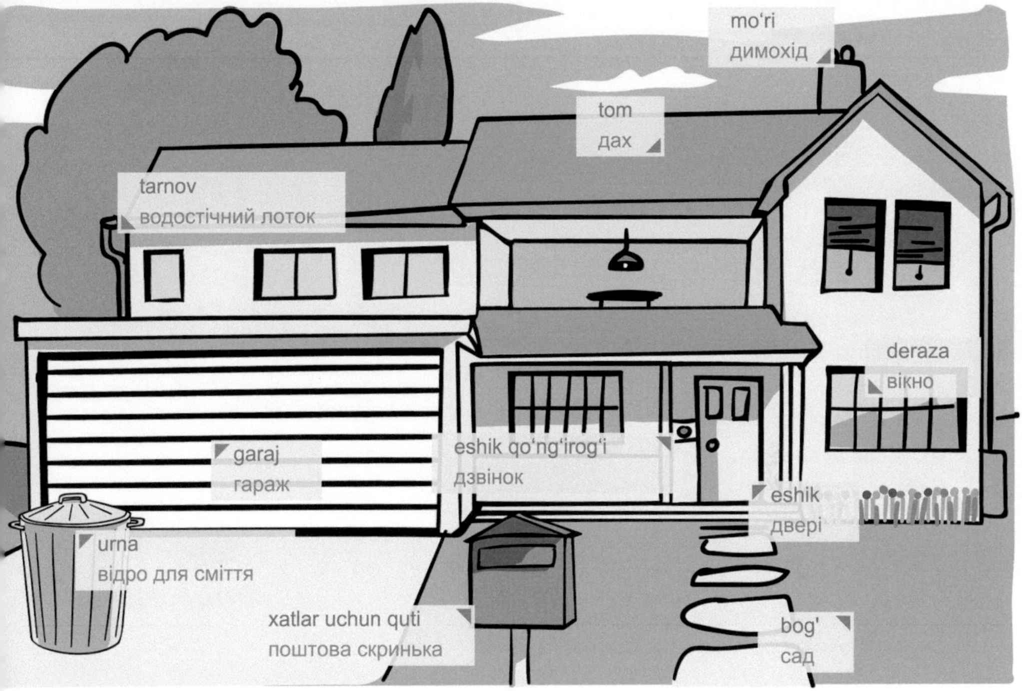

mo'ri — димохід
tom — дах
tarnov — водостічний лоток
deraza — вікно
garaj — гараж
eshik qo'ng'irog'i — дзвінок
eshik — двері
urna — відро для сміття
xatlar uchun quti — поштова скринька
bog' — сад

mehmonxona
вітальня

vannaxona
ванна кімната

oshxona
кухня

yotoqxona
спальня

bolalar xonasi
дитяча кімната

oshxona
їдальня

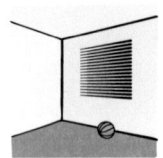

pol

підлога

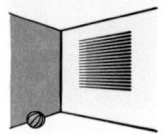

devor

стіна

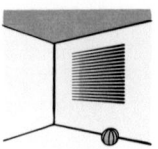

ship

стеля

podval

підвал

sauna

сауна

balkon

балкон

ayvon

тераса

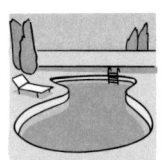

basseyn

басейн

o't o'rgich mashina

косарка

ko'rpajild

простирало

choyshab

ковдра

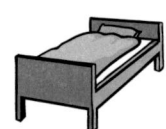

krovat

ліжко

supurgi

мітла

paqir

відро

murvat

перемикач

mehmonxona
вітальня

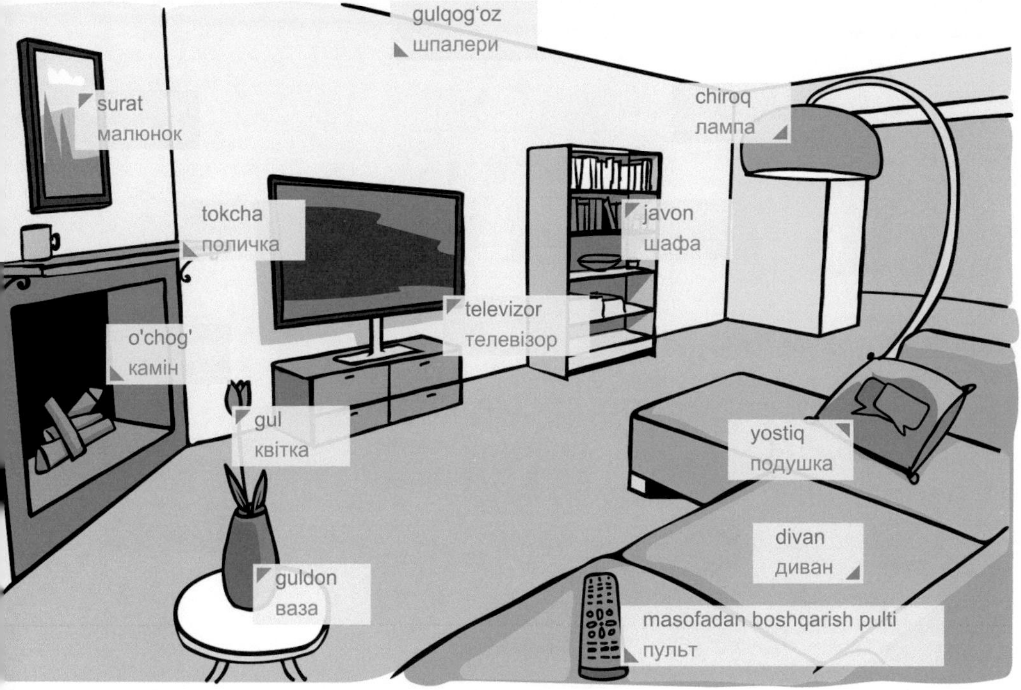

Labels in illustration:
- surat / малюнок
- gulqog'oz / шпалери
- chiroq / лампа
- tokcha / поличка
- javon / шафа
- o'chog' / камін
- televizor / телевізор
- gul / квітка
- yostiq / подушка
- guldon / ваза
- divan / диван
- masofadan boshqarish pulti / пульт

gilam
килим

parda
завіса

stol
стіл

stul
стілець

tebranma kursi
крісло-гойдалка

kreslo
крісло

kitob
книга

ko'rpa
ковдра

hasham
прикраса

o'tin
дрова

kino
фільм

stereo qurilma
стереосистема

kalit
ключ

gazeta
газета

rasm
картина

plakat
плакат

radio
радіо

yon daftar
блокнот

chang yutgich
пилосос

kaktus
кактус

sham
свічка

mehmonxona - вітальня

oshxona
кухня

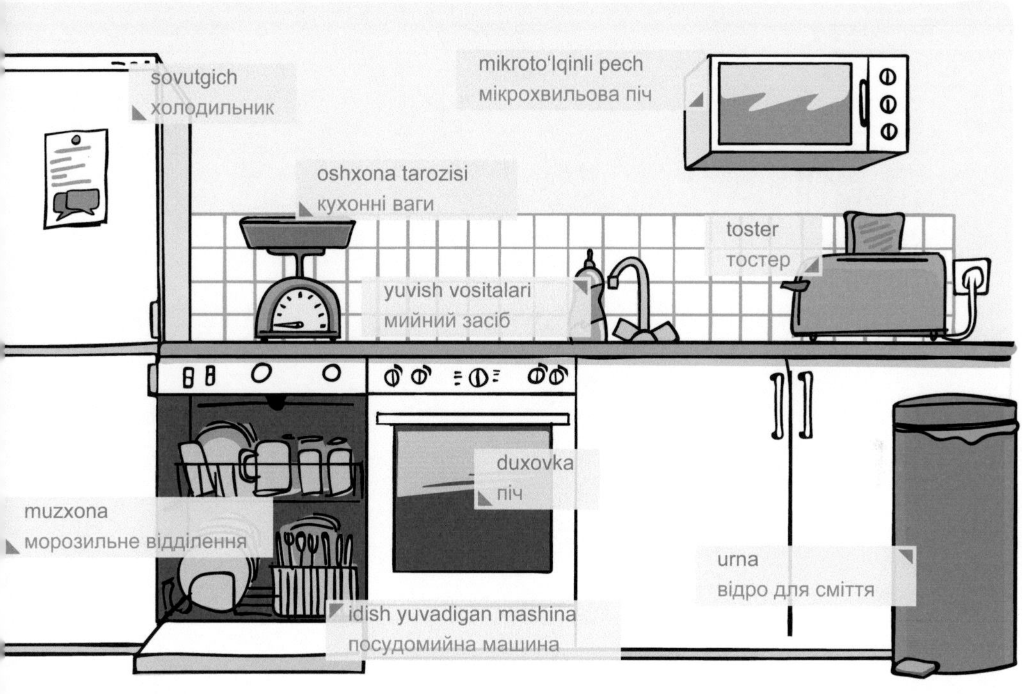

sovutgich
холодильник

mikroto'lqinli pech
мікрохвильова піч

oshxona tarozisi
кухонні ваги

toster
тостер

yuvish vositalari
мийний засіб

duxovka
піч

muzxona
морозильне відділення

urna
відро для сміття

idish yuvadigan mashina
посудомийна машина

plita
плита

kastryul
горщик

cho'yan qozon
чавунний горщик

bo'rtma tubli tova
вок / кадай

tova
сковорода

chovgun
чайник

oshxona - кухня

mantiqasqon

пароварка

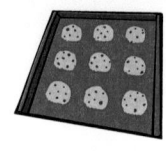

tunuka tova

лист

chinni idish

посуд

krushka

кухоль

kosa

чаша

taom yeyish tayoqchalari

палички для їжі

cho'mich

черпак

kurakcha

лопатка

ko'pirtirgich

вінчик для збивання

chovli

сито

elak

сито

qirg'ich

терка

hovoncha

ступка

gril

барбекю

olov

багаття

oshtaxta
дошка

juva
качалка

parmasimon tiqin ochgich
штопор

konserva
конзерва

konserva ochgich
відкривачка

tutgich
прихватки

unitaz
раковина

idish cho'tka
щітка

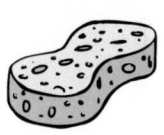

qozonsochiq
губка

qorishtirgich
міксер

muzlatgich
морозильна камера

so'rg'ichli chaqaloq butilkasi
дитяча пляшка

kran
кран

oshxona - кухня

vannaxona
ванна кімната

dush
душ

isitish tizimi
опалення

sochiq
рушник

darparda
душова завіса

ko'pikli vanna
пінниста ванна

vanna
ванна

stakan
склянка

kir yuvish mashinasi
пральна машина

kafel
плитка

kran
кран

tuvak
горшок

unitaz
раковина

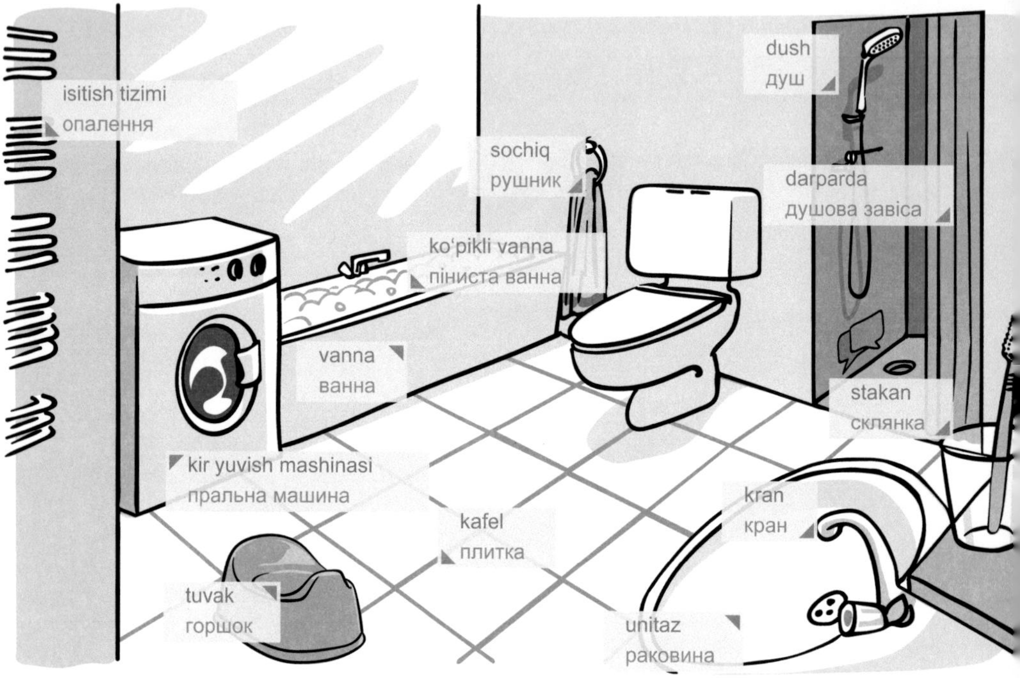

hojatxona
туалет

polga o'rnatiladigan unitaz

підлоговий туалет

tahoratdon
біде

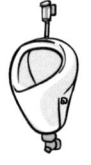

siydik unitazi
пісуар

hojatxona qog'ozi
туалетний папір

hojatxona cho'tkasi
щітка для туалету

38 vannaxona - ванна кімната

tish cho'tka

зубна щітка

tish pastasi

зубна паста

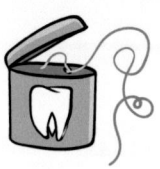

tish tozalagich ip

нитка для чищення зубів

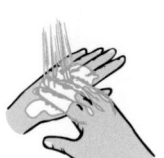

yuvmoq

мити

dastakli dush

ручний душ

tahorat uchun dush

інтимний душ

tog'ora

таз

yelka qashlaydigan cho'tka

щітка для спини

sovun

мило

dush uchun gel

гель для душу

shampun

шампунь

mochalka

мочалка

quvur

водостік

krem

крем

dezodorant

дезодорант

vannaxona - ванна кімната

ku'zgu

дзеркало

qo'l ku'zgusi

косметичне дзеркало

ustara

бритва

ustara uchun ko'pik

піна для гоління

salqinlantiruvchi balzam

лосьйон після гоління

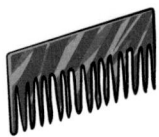

taroq

гребінь

cho'tka

щітка

fen

фен

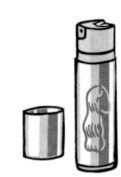

soch uchun lak

лак для волосся

pardoz-andoz

косметика

lab uchun pomada

губна помада

tirnoq laki

лак для нігтів

paxta

вата

tirnoq qaychisi

ножиці для нігтів

atir

парфум

pardoz-andoz xaltasi
косметичка

kursi
табурет

tarozi
ваги

cho'milish xalati
халат

rezina qo'lqop
гумові рукавички

tampon
тампон

gigiyenik taglik
гігієнічні прокладки

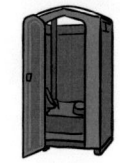
biohojatxona
біотуалет

vannaxona - ванна кімната

bolalar xonasi
дитяча кімната

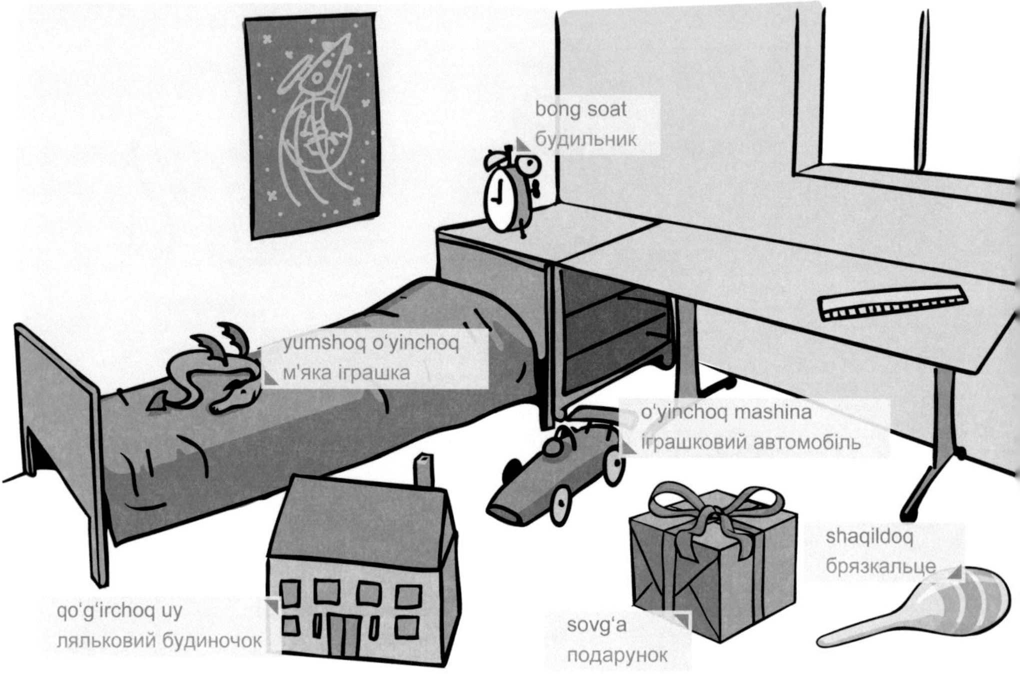

bong soat
будильник

yumshoq o'yinchoq
м'яка іграшка

o'yinchoq mashina
іграшковий автомобіль

shaqildoq
брязкальце

qo'g'irchoq uy
ляльковий будиночок

sovg'a
подарунок

shar

повітряна кулька

krovat

ліжко

bolalar aravachasi

дитячий візок

karta to'plami

картярська гра

terma tasvir

пазл

kulgili sahna asari

комікс

lego g'ishtlari

лего цеглинки

o'yinchoq kubiklar

блоки

o'yinchoq qahramon

іграшкова фігурка

polzunka

повзунки

uchar likopcha

фризбі

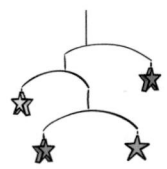

osma shaqildoq

мобіле

stol o'yini

настільна гра

oshiq

кубик

poyezd maketi

модель залізнична станція

so'rg'ich

соска

o'tirish

вечірка

rasmli kitob

книжка з картинками

koptok

м'яч

qo'g'irchoq

лялька

o'ynamoq

грати

bolalar xonasi - дитяча кімната

qumdon

пісочниця

arg'imchoq

гойдалка

o'yinchoqlar

іграшка

o'yin pristavkasi

гральна консоль

uch g'ildirakli velosiped

триколісний велосипед

baxmal ayiq

плюшевий мішка

kiyim shkafi

шафа

kiyim
одяг

paypoq

шкарпетки

chulki

панчохи

kolgotka

колготки

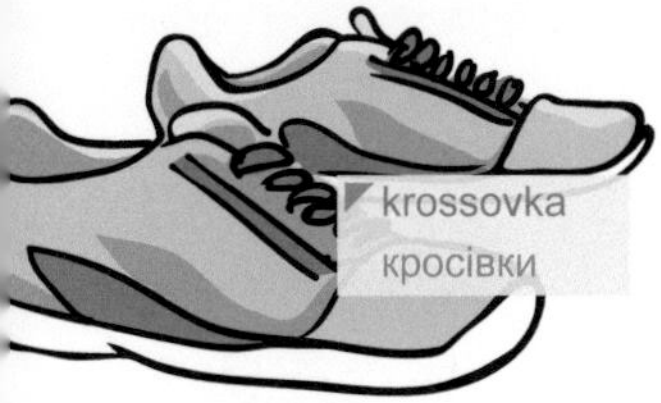

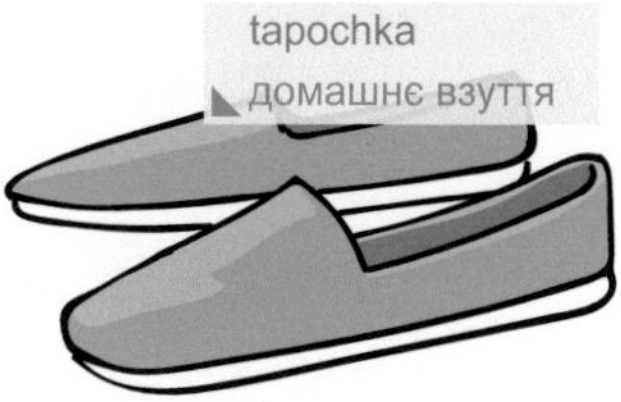

sharf
шарф

soyabon
парасоля

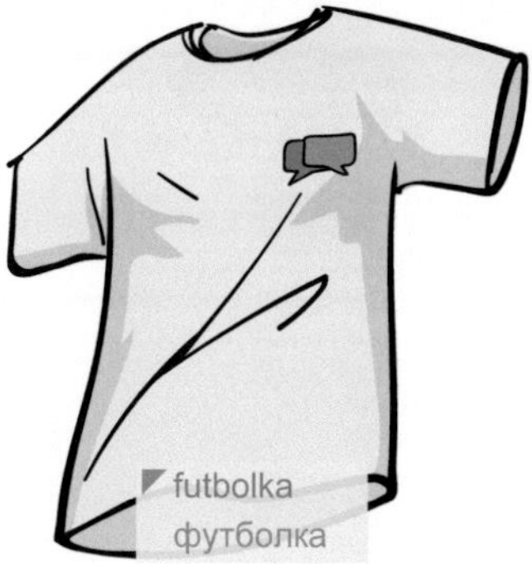

futbolka
футболка

kamar
ремінь

krossovka
кросівки

botinka
чоботи

tapochka
домашнє взуття

shippak
сандалі

tufli
взуття

rezina etik
гумові чоботи

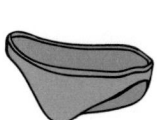

tor tursik
труси

ko'krakpech
бюстгальтер

mayka
нижня сорочка

kiyim - одяг

bodi
боді

ishton
штани

jinsi
джинси

yubka
спідниця

kofta
блузка

koʻylak
сорочка

jemper
пуловер

uzun chakmon
светр

sport bichimidagi pidjak
піджак

kurtka
куртка

palto
пальто

plash
дощовик

libos
костюм

koʻylak
сукня

kelin koʻylak
весільна сукня

kostyum shim

костюм

tungi koʻylak

нічна сорочка

pijama

піжама

sari

сарі

sholroʻmol

головна хустка

salla

чалма

paranji

бурка

chakmon

кафтан

abaya

абая

choʻmilish kostyumi

купальник

tursik

плавки

shortik

шорти

sport kostyumi

тренувальний костюм

fartuk

фартух

qoʻlqop

рукавички

kiyim - одяг

tugma

гудзик

ko'zoynak

окуляри

bilaguzuk

браслет

munchoq

ланцюг

uzuk

кільце

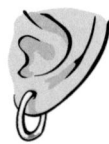

sirg'a

сережка

kepka

шапка

palto ilgak

плічка

shlyapa

капелюх

bo'yinbog'

краватка

zamok

застібка-блискавка

dubulg'a

шолом

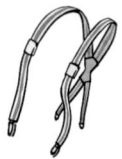

shim tortgich

підтяжки

maktab formasi

шкільна форма

forma

уніформа

kiyim - одяг

oshxo'rak

нагрудник

so'rg'ich

соска

taglik

підгузок

idora
офіс

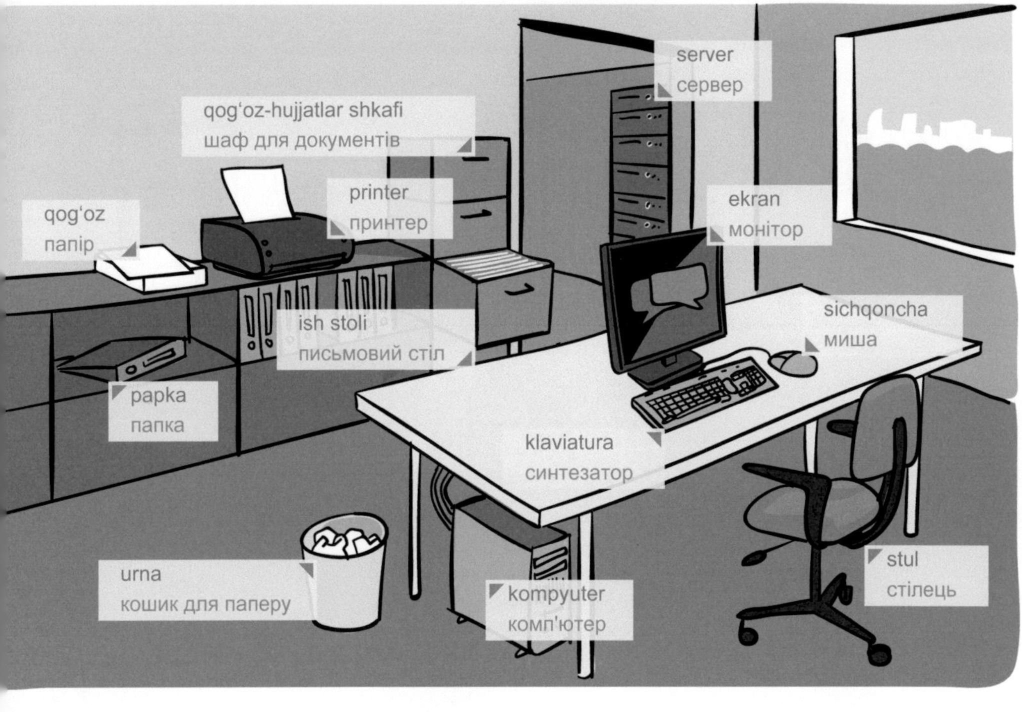

- qog'oz-hujjatlar shkafi / шаф для документів
- server / сервер
- printer / принтер
- ekran / монітор
- qog'oz / папір
- ish stoli / письмовий стіл
- sichqoncha / миша
- papka / папка
- klaviatura / синтезатор
- urna / кошик для паперу
- kompyuter / комп'ютер
- stul / стілець

kofe krujkasi

кавовий кухоль

kalkulyator

калькулятор

internet

інтернет

noutbuk
ноутбук

xat
лист

maktub
повідомлення

uyali telefon
мобільний телефон

tarmoq
мережа

nusxa ko'chirgich
копіювальний пристрій

dastur
програмне забезпечення

telefon
телефон

rozetka
розетка

faks
факс

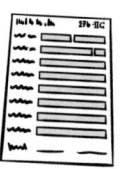
shakllar
бланк

hujjat
документ

iqtisod
економіка

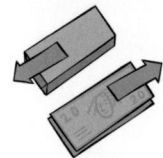
xarid qilmoq
купувати

to'lamoq
платити

savdolashmoq
торгувати

pul
гроші

dollar
долар

yevro
євро

yyen
ієна

rubl
рубль

shvetsar franki
франк

Jenminbi xitoy yuani
юанів женьміньбі

rupi
рупія

bankomat
банкомат

pul ayirboshlash shahobchasi

обмінний пункт

oltin

золото

kumush

срібло

neft

нафта

energiya

енергія

narx

ціна

shartnoma

контракт

soliq

податок

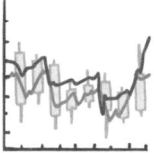

aktsiya

акція

ishlamoq

працювати

ishchi

працівник

ish beruvchi

роботодавець

zavod

фабрика

do'kon

магазин

iqtisod - економіка

kasblar
професії

politsiyachi
поліцейський

o't o'chiruvchi
пожежник

oshpaz
повар

shifokor
лікар

uchuvchi
пілот

bog'bon

садівник

duradgor

столяр

tikuvchi

швачка

hakam

суддя

kimyogar

хімік

aktyor

актор

avtobus haydovchi — водій автобуса

taksi haydovchisi — таксист

baliq ovlovchi — рибалка

farrosh — прибиральниця

tom ustasi — покрівельник

ofitsiant — офіціант

ovchi — мисливець

bo'yoqchi — художник

nonvoyxona — пекар

elektr ustasi — електрик

quruvchi — будівельник

muhandis — інженер

qassob — забійник

suvchi chilangar — бляхар

pochtachi — листоноша

kasblar - професії

askar
солдат

me'mor
архітектор

kassachi
касир

gulchi
флорист

sartarosh
перукар

chiptachi
кондуктор

mexanik
механік

kapitan
капітан

tish shifokori
дантист

olim
вчений

yaxudiylar ruhoniysi
рабин

imom
імам

rohib
монах

ruhiniy
пастор

asboblar
інструменти

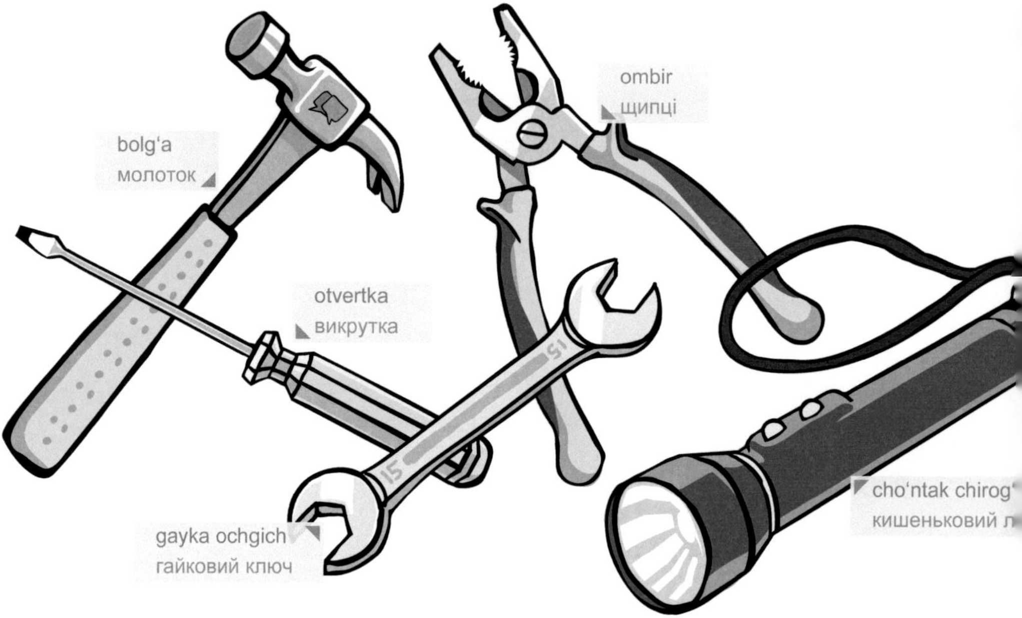

bolg'a
молоток

ombir
щипці

otvertka
викрутка

gayka ochgich
гайковий ключ

cho'ntak chirog'
кишеньковий л

ekskavator
екскаватор

asboblar qutisi
ящик для інструментів

narvon
драбина

qo'larra
пилка

mix
цвяхи

parmadasta
свердло

tuzatmoq
ремонтувати

belkurak
лопата

Jin ursin!
лайно!

xokandoz
совок

bo'yoq idish
відро з фарбою

burama mix
гвинти

musiqa asboblari
музичні інструменти

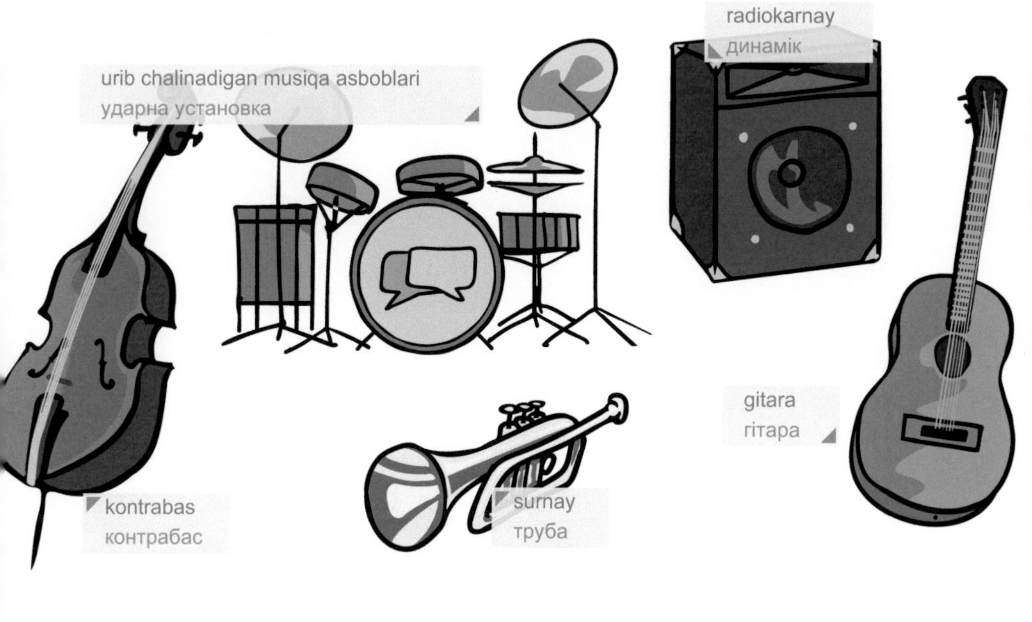

urib chalinadigan musiqa asboblari
ударна установка

radiokarnay
динамік

kontrabas
контрабас

surnay
труба

gitara
гітара

pianino
фортепіано

g'ijjak
скрипка

bas-gitara
бас

qo'shnog'ora
литаври

do'mbira
барабан

klaviatura
клавіатура

saksofon
саксофон

nay
флейта

mikrofon
мікрофон

hayvonot bogʻi
зоопарк

- kirish / вхід
- arslon / тигр
- qafas / клітка
- zebra / зебра
- yem / корм
- panda / панда

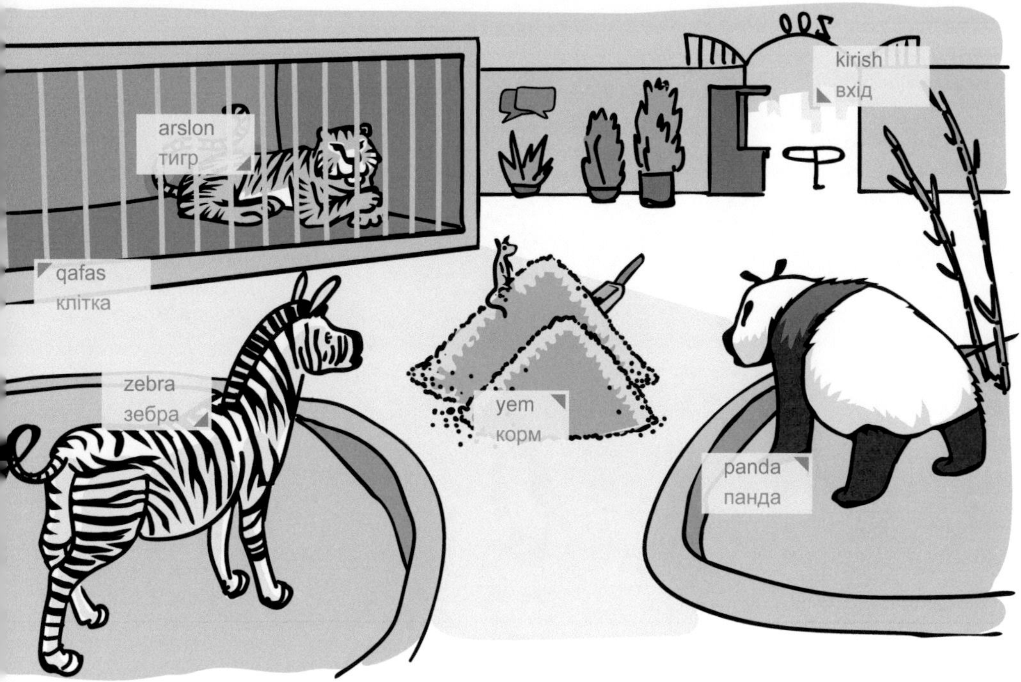

hayvonlar
тварини

fil
слон

kenguru
кенгуру

karkidon
носоріг

gorilla
горила

ayiq
ведмідь

tuya
верблюд

tuyaqush
страус

sher
лев

maymun
мавпа

qizil g'oz
фламінго

to'ti
папуга

oq ayiq
білий ведмідь

pingvin
пінгвін

akula
акула

tovus
павич

ilon
змія

timsoh
крокодил

hayvonot bog'i qorovuli
працівник зоопарку

tyulen
тюлень

yaguar
ягуар

hayvonot bog'i - зоопарк

to'pichoq ot

поні

qoplon

леопард

begemot

гіпопотам

jirafa

жираф

burgut

орел

erkak cho'chqa

кабан

baliq

риба

toshbaqa

черепаха

morj

морж

tulki

лисиця

ohu

газель

hayvonot bog'i - зоопарк

sport o'yinlari
спорт

mashg'ulot
дії

- sakramoq — стрибати
- quchmoq — обіймати
- kulmoq — сміятися
- kuylamoq — співати
- yurmoq — йти
- ibodat qilmoq — молитися
- o'pmoq — цілувати
- hayol qilmoq — мріяти

yozmoq
писати

chizmoq
малювати

ko'rsatmoq
показувати

itarmoq
тиснути

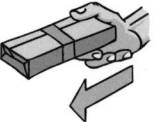

bermoq
давати

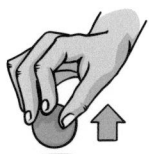

olmoq
брати

ega bo'lmoq	bajarmoq	bo'lmoq
мати	робити	бути

turmoq	yugurmoq	tortmoq
стояти	бігати	тягнути

uloqtirmoq	yiqilmoq	aldamoq
кидати	падати	лежати

kutmoq	tashimoq	o'tirmoq
очікувати	носити	сидіти

kiyinmoq	uxlamoq	uyg'onmoq
одягати	спати	просипатися

qaramoq

дивитися

yig'lamoq

плакати

zarba bermoq

гладити

taramoq

розчісувати

gaplashmoq

розмовляти

tushunmoq

розуміти

so'ramoq

питати

tinglamoq

слухати

ichmoq

пити

yemoq

їсти

yig'ishtirmoq

прибирати

sevmoq

любити

pishirmoq

варити

haydamoq

їхати

uchmoq

літати

mashg'ulot - дії

kemada suzmoq

йти під вітрилом

sanamoq

рахувати

o'qimoq

читати

o'rganmoq

вчитися

ishlamoq

працювати

turmush qurmoq

одружуватися

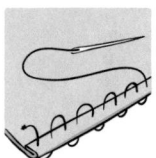

tikmoq

шити

tish yuvmoq

чистити зуби

o'ldirmoq

убивати

chekmoq

курити

yo'llamoq

посилати

oila
сім'я

buvi — бабуся
buva — дідуся
ota — батько
ona — мати
chaqaloq — немовля
qiz — донька
o'g'il — син

mehmon
гість

amma
тітка

tog'a
дядько

aka
брат

opa
сестра

tana
тіло

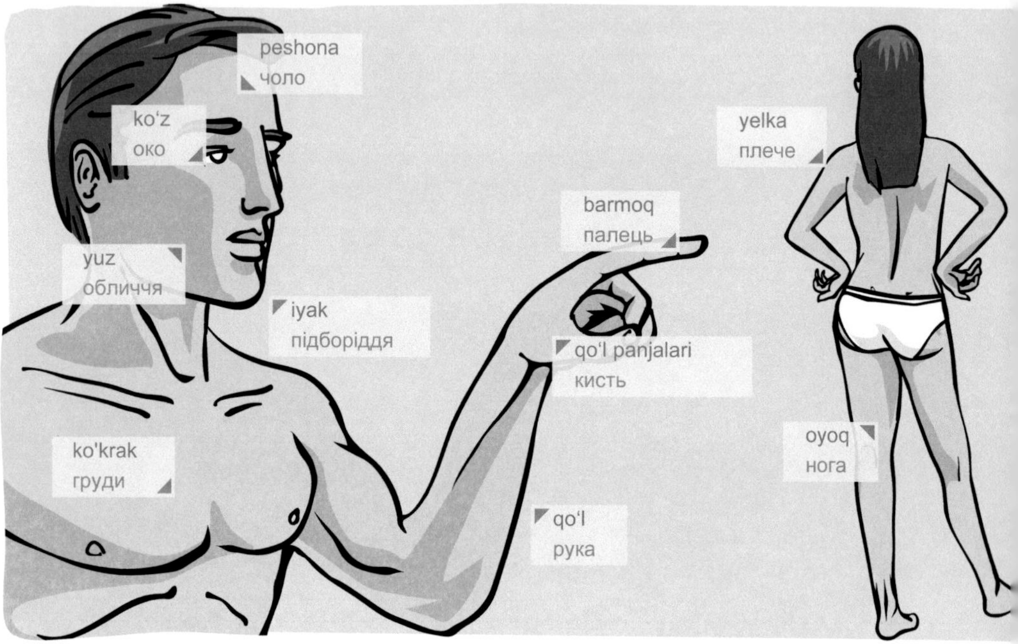

peshona
чоло

koʻz
око

yuz
обличчя

iyak
підборіддя

koʻkrak
груди

yelka
плече

barmoq
палець

qoʻl panjalari
кисть

oyoq
нога

qoʻl
рука

chaqaloq

немовля

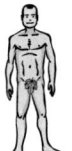

odam

чоловік

ayol

жінка

qiz bola

дівчина

oʻgʻil bola

хлопчик

bosh

голова

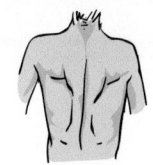

orqa

спина

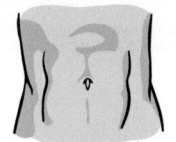

qorin

живіт

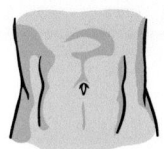

kindik

пуп

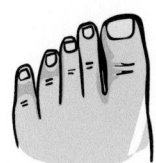

oyoq barmoqlari

палець ноги

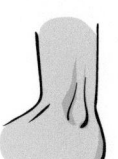

tovon

п'ята

suyak

кістка

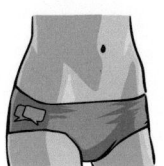

bel

стегно

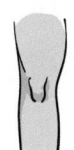

tizza

коліно

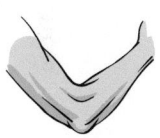

tirsak

лікоть

burun

ніс

dumba

сідниці

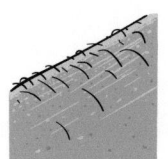

teri

шкіра

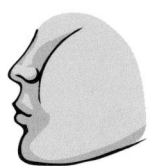

yanoq

щока

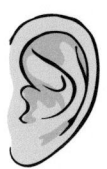

quloq

вухо

lab

губа

tana - тіло

og'iz

рот

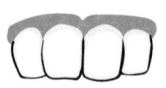

tish

зуб

til

язик

miya

мозок

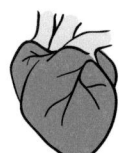

yurak

серце

mushak

м'яз

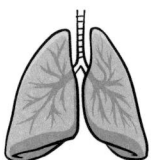

o'pka

легені

jigar

печінка

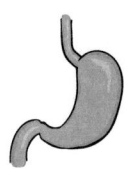

oshqozon

шлунок

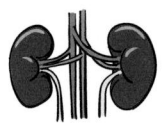

buyrak

нирки

jinsiy aloqa

статевий акт

prezervativ

презерватив

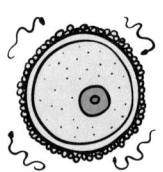

tuxum ho'jayra

яйцеклітина

urug'

сперма

homiladorlik

вагітність

tana - тіло

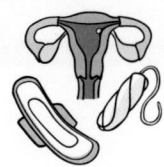

hayz

менструація

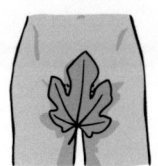

bachadon

вагіна

olat

пеніс

qosh

брова

soch

волосся

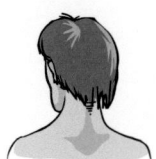

bo'yin

шия

tana - тіло

shifoxona
лікарня

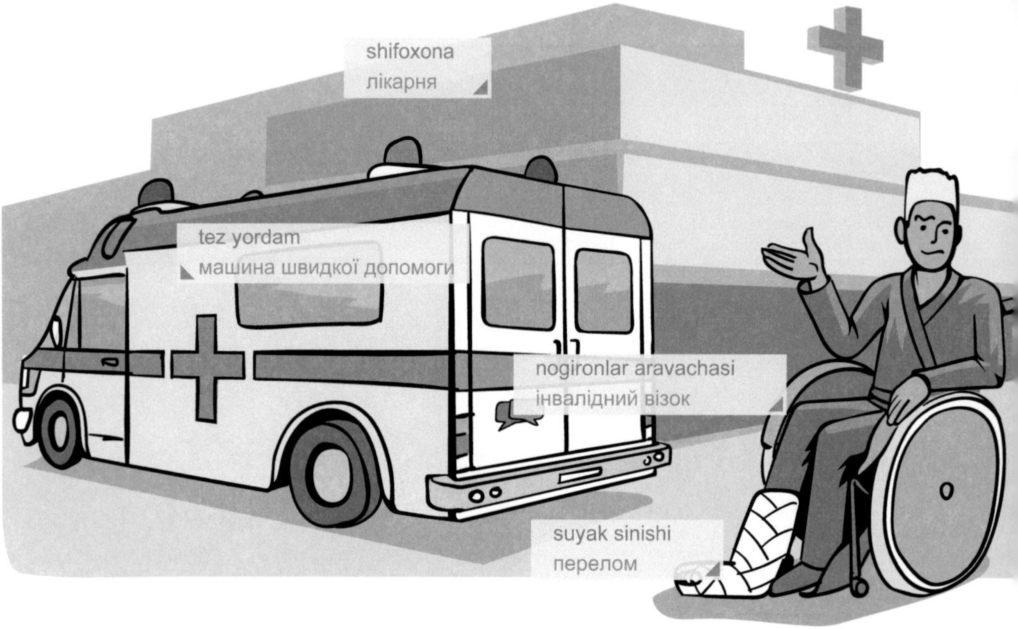

shifoxona
лікарня

tez yordam
машина швидкої допомоги

nogironlar aravachasi
інвалідний візок

suyak sinishi
перелом

shifokor

лікар

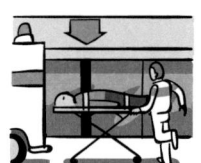

Shoshilich tibbiy yordam ko'rsatish bo'limi

відділення швидкої медичної допомоги

hamshira

медсестра

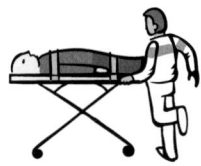

tez yordam

аварійний випадок

hushsizlik

непритомний

og'riq

біль

jarohat
травма

qonash
кровотеча

yurak xuruji
інфаркт

insult
інсульт

allergiya
алергія

yo'tal
кашель

isitma
лихоманка

tumov
грип

ichburug'
пронос

bosh og'rig'i
головна біль

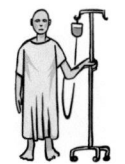
saraton kasalligi
рак

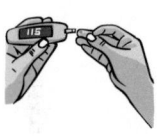
qandli diabet
діабет

jarroh
хірург

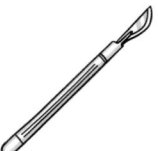
jarroh pichog'i
скальпель

jarrohlik amaliyoti
операція

shifoxona - лікарня

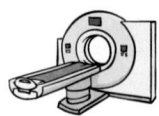

tomografiya

КТ

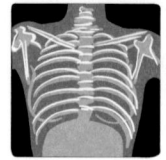

rentgen

рентген

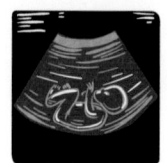

ultratovush tekshiruvi

ультразвук

yuz niqobi

маска

kasallik

хвороба

qabulxona

зал очікування

qo'ltiqtayoq

милиця

malhamli plastir

пластир

bint

пов'язка

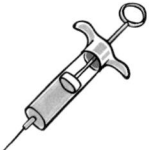

ukol

ін'єкція

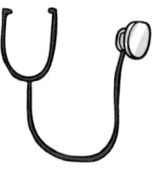

yurak urushini va o'pkani eshitib ko'radigan asbob

стетоскоп

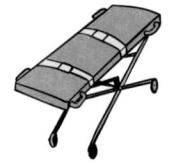

bemorlar uchun zambil

ноші

termometr

термометр

tug'ruq

народження

semizlik

надмірна вага

shifoxona - лікарня

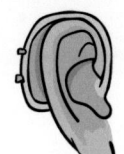
eshitish moslamasi
слуховий апарат

dezinfektsiyalovchi vosita
дезінфікуючий засіб

infektsiya
інфекція

virus
вірус

OIV / OITS
ВІЛ / СНІД

dori
медицина

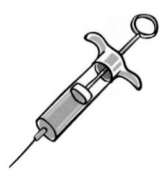
emlash
вакцинація

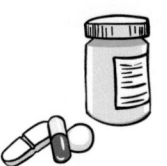
tabletka
таблетки

dori
протизаплідна пігулка

tez yordam qo'ng'irog'i
екстрений виклик

qon bosimini o'lchash asbobi
тонометр

kasal / sog'lom
хворий / здоровий

shifoxona - лікарня

tez yordam
аварійний випадок

Yordamga!
Допоможіть!

xavf-xatar ishorasi
сигнал тривоги

tajovuz
напад

hujum
атака

xavf
небезпека

favqulodda holatlarda chiqish eshigi
аварійний вихід

Yong'in
Вогонь!

o't o'chirgich
вогнегасник

falokat
аварія

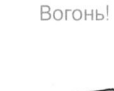

birinchi tibbiy yordam to'plami
аптечка

falokat signali
СОС

politsiya
поліція

yer
Земля

Yevropa
Європа

Shimoliy Amerika
Північна Америка

Janubiy Amerika
Південна Америка

Afrika
Африка

Osiyo
Азія

Avstraliya
Австралія

Anlantika okeani
Атлантика

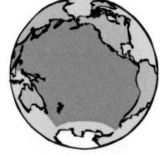
Tinch okeani
Тихий океан

Hind okeani
Індійський океан

Antarktida okeani
Антарктичний океан

Arktika okeani
Північний Льодовитий океан

Shimoliy qutb
Північний полюс

Janubiy qutb — Південний полюс
Antarktika — Антарктика
yer — Земля

oʻlka — суша
dengiz — море
orol — острів

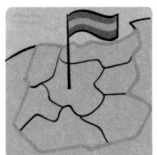 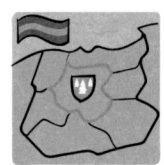

millat — нація
davlat — держава

soat
годинник

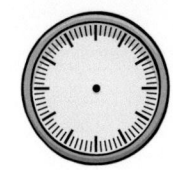
stronomik vaqt koʻrsatgichi
циферблат

soat mili
годинникова стрілка

daqiqa mili
хвилинна стрілка

lahza mili
секундна стрілка

Soat necha?
Котра година?

kun
день

vaqt
час

hozir
зараз

raqamli soat
цифровий годинник

daqiqa
хвилина

soat
година

soat - годинник

xafta
тиждень

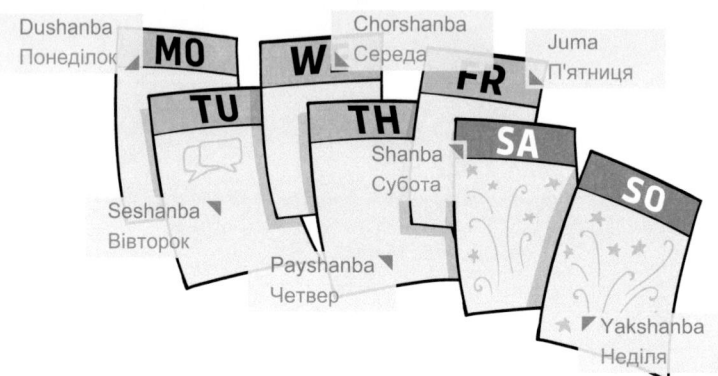

kecha
вчора

bugun
сьогодні

ertaga
завтра

ertalab
ранок

peshin
опівдні

kechqurun
вечір

ish kunlari
робочі дні

dam olish kunlari
кінець робочого тижня

yil
рік

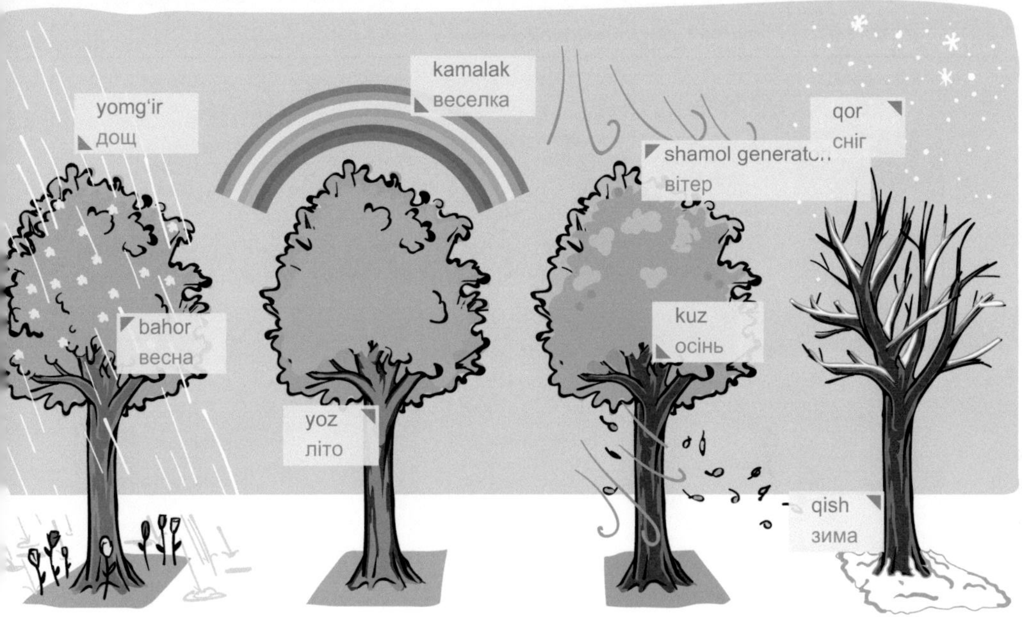

yomg'ir / дощ
kamalak / веселка
shamol generator / вітер
qor / сніг
bahor / весна
yoz / літо
kuz / осінь
qish / зима

ob-havo ma'lumoti

прогноз погоди

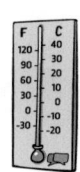

termometr

термометр

quyoshli

сонячне світло

bulut

хмара

tuman

туман

namgarchilik

вологість повітря

chaqmoq
блискавка

momoqaldiroq
грім

bo'ron
шторм

do'l
град

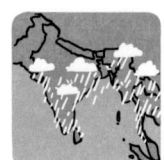
namgarchilik mavsumi
мусон

toshqin
повінь

muz
лід

Yanvar
Січень

Fevral
Лютий

Mart
Березень

Aprel
Квітень

May
Травень

Iyun
Червень

Iyul
Липень

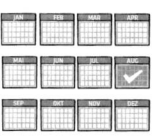
Avgust
Серпень

yil - рік

Sentyabr

Вересень

Oktyabr

Жовтень

Noyabr

Листопад

Dekabr

Грудень

shakllar
форми

aylana

круг

kvadrat

квадрат

to'rtburchak

прямокутник

uchburchak

трикутник

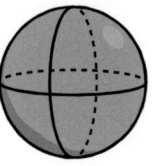

doira

куля

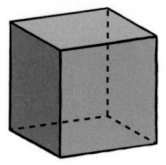

kub

куб

ranglar
фарби

oq
білий

sariq
жовтий

sabzi rang
помаранчевий

pushti
рожевий

qizil
червоний

to'q qizil
фіолетовий

ko'k
синій

yashil
зелений

jigar rang
коричневий

kul rang
сірий

qora
чорний

qarama-qarshi ma'noli so'zlar
протилежності

ko'p / oz
багато / мало

g'azabli / xotirjam
лютий / мирний

go'zal / xunuk
гарний / бридкий

boshi / oxiri
початок / кінець

katta / kichik
великий / малий

yorug' / qorong'u
світлий / темний

aka / singil
брат / сестра

toza / iflos
чистий / брудний

to'liq / chala
завершений / незавершений

kun / tun
день / ніч

o'lik / tirik
мертвий / живий

keng / tor
широкий / вузький

yesa bo'ladigan / yesa bo'lmaydigan

їстівний / неїстівний

yovuz / xayrli

злий / дружній

hayajonli / zerikarli

збуджений / нудьгуючий

semik / oriq

товстий / тонкий

birinchi / oxirgi

спочатку / востаннє

do'st / dushman

друг / ворог

to'la / bo'sh

повний / порожній

qattiq / yumshoq

жорсткий / м'який

og'ir / yengil

важкий / легкий

ochlik / chanqov

голод / спрага

kasal / sog'lom

хворий / здоровий

noqonuniy / qonuniy

незаконний / законний

ziyoli / kaltafahm

розумний / дурний

chap / o'ng

вліво / вправо

yaqin / uzoq

поруч / далеко

yangi / ishlatilgan
новий / використаний

hech narsa / bir narsa
нічого / щось

qari / yosh
старий / молодий

yoniq / o'chiq
вкл / викл

ochiq / yopiq
відкрито / закрито

past / baland
тихо / гучно

boy / kambag'al
багатий / бідний

to'g'ri / noto'g'ri
правильно / неправильно

notekis / tekis
шорсткий / гладкий

xafa / xursand
сумний / щасливий

qisqa / uzun
короткий / довгий

sekin / tez
повільно / швидко

nam / quruq
вологий / сухий

iliq / salqin
гарячий / холодний

urush / tinchlik
війна / мир

qarama-qarshi ma'noli so'zlar - протилежності

raqamlar
числа

0 nol — нуль

1 bir — один

2 ikki — два

3 uch — три

4 to'rt — чотири

5 besh — п'ять

6 olti — шість

7 yetti — сім

8 sakkiz — вісім

9 to'qqiz — дев'ять

10 o'n — десять

11 o'n bir — одинадцять

12 o'n ikki — дванадцять

13 o'n uch — тринадцять

14 o'n to'rt — чотирнадцять

15 o'n besh — п'ятнадцять

16 o'n olti — шістнадцять

17 o'n yetti — сімнадцять

18 o'n sakkiz — вісімнадцять

19 o'n to'qqiz — дев'ятнадцять

20 yigirma — двадцять

100 yuz — сто

1.000 ming — тисяча

1.000.000 million — мільйон

raqamlar - числа

tillar

мови

Ingliz

англійська

Amerikacha ingliz tili

американська англійська

Xitoy tilining Mandarin lahchasi

китайська високочиновницька

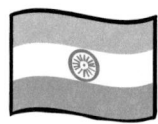

Hind

хінді

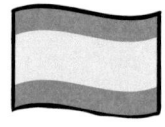

Ispan

іспанська

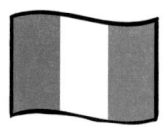

Frantsuz

французька

Arab

арабська

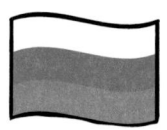

Rus

російська

Portugal

португальська

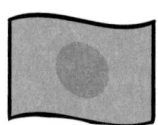

Bengal

бенгальська

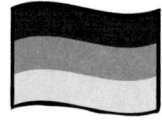

Nemis

німецька

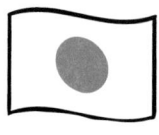

Yapon

японська

kim / nima / qanday
хто / що / як

Men
я

Sen
ти

u / u / u
він / вона / воно

biz
ми

sizlar
ви

ular
вони

kim?
хто?

nima?
що?

qanday?
як?

qayerda?
де?

qachon?
коли?

ism
ім'я

qayerda
де

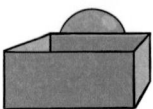

orqada

ззаду

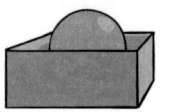

ichida

в

oldida

перед

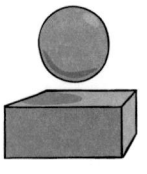

uzra

над

ustida

на

tagida

під

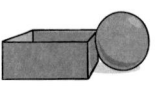

yonida

біля

o'rtasida

між

joy

місце